DÉBATS

ET JUGEMENT DU PROCÈS

Des Prévenus de la Conspiration qui a éclaté à Lyon le 8 Juin 1817.

LE 25 octobre, à dix heures du matin, la cour prévôtale du Rhône a ouvert les débats dans l'affaire concernant les conjurés de Lyon. Une foule innombrable remplissait la salle et ses avenues. Des détachemens considérables de troupes faisaient la garde au-dedans et au-dehors.

Vingt-huit prévenus sont introduits à la barre de la cour.

M. le président a procédé à l'interrogatoire du premier accusé, qui est le nommé Jean-Barbier, ainsi qu'il suit :

D. A quelle époque avez-vous été initié à la conspiration ?

R. Je n'y ai été initié qu'aux environs de la Noël dernière. J'ai su ensuite qu'elle existait avant ; mais jusqu'alors je n'en avais eu aucune connaissance.

D. Savez-vous, si cette conspiration avait pour but de renverser le gouvernement du Roi, de violer les principes de la légitimité, dont le maintien est si nécessaire à la sûreté et à la tranquillité des peuples, enfin de placer sur le trône de France ou Napoléon, ou son fils, ou tout autre ?

R. La conspiration avait pour but de renverser le gouvernement actuel. Je l'ai su en y entrant ; mais on n'était pas d'accord sur celui qui devait succéder ; cependant on parlait plus souvent de Marie-Louise et de Napoléon II.

D. Est-ce vous qui avez établi le comité insurrecteur qui se réunissait dans le mois de novembre ou de décembre 1816 chez la veuve Landelle, tenant le café des bains, rue Sainte-Croix ?

R. Non, Monsieur, ce n'est pas moi : ce comité existait avant que j'eusse été initié dans la conspiration. Taisson, Burdel, Bonnand, Mermet, Cochet, et Volozan l'aîné, le composaient. Je fus introduit dans ce comité chez madame veuve Landelle, qui tient le café des bains, à la même époque que Volozan cadet.

D. Quel est l'individu qui vous a introduit dans ce comité ?

R. C'est M. Cochet, c erc chez M. Roch, avoué. Ce Cochet avait aussi pressé le sieur Salvety, ex-commandant de place à Avignon, d'entrer dans la conspiration; mais ce dernier repoussa toujours ses propositions.

D. Le comité s'est-il toujours réuni chez la veuve Landelle ?

R. Non, Monsieur; les membres du comité s'étant aperçus que madame veuve Landelle épiait leur conduite, ils résolurent de changer leur réunion, qui depuis lors fut en pleine campagne, tantôt d'un côté, tantôt de l'autre.

D. De combien de personnes se composait votre comité ? Nommez-les nous.

R. Il était composé de Taisson, Cochet, Mermet, Bonnand, Burdel les deux frères Volozan, et moi.

D. Quelles sont les personnes qui ont successivement présidé votre comité ?

R. Le comité n'a été présidé que par Taisson.

D. Quel en était le secrétaire ?

R. C'est moi.

D. Tous les membres de votre comité étant réunis dans l'auberge de Loison, rue du Garet, ne vous liâtes-vous pas par un serment prêté sur un poignard à manche blanc ?

Oui, Monsieur. Voici comment cela se passa : après le déjeûner, Cochet tira de sa poche un poignard à manche blanc; il le présenta sur la table, et dit : « Jurons de perdre la vie plutôt que de dénoncer aucun de nous; et, dans le cas où l'un de nous serait arrêté, de le secourir au moyen d'une cotisation faite entre nous. » Chaque membre, debout, s'arma d'un couteau, et prêta ce serment

D. Votre comité, pour se montrer digne de la mission qu'il avait reçue, et pour se faire un mérite de ce qu'il entreprenait pour Napoléon, n'aurait-il pas eu le dessein d'envoyer à Marie-Louise une décoration qui consacrerait votre amour pour lui, et le désir comme l'espérance de le revoir sur le trône ?

R. Oui, Monsieur; d'abord on eut le projet de faire un don à Marie-Louise de quelque objet qui pût lui être agréable, pour lui prouver notre dévouement Ensuite il fut arrêté que nous ferions faire six décorations de la dimension d'une pièce de cinq francs, dont l'une en or lui serait envoyée par Volozan l'aîné, que nous députerions à cet effet; et les cinq autres, en argent, étaient destinées pour chacun de nous, Taisson, Burdel, les deux freres Volozan, et moi. Cette décoration était une étoile à cinq branches, dans l'intervalle desquelles sortaient les rayons d'un soleil. Dans le centre, sur une face, était une N, avec une légende : *Commande, nous sommes prêts.* Et sur l'autre était un pélican nourrissant trois petits, avec la légende : *Français, suivez mon exemple.* Taisson fit le dessin de cette décoration. Il fit faire le pélican à Lyon, et les autres pièces de cette composition à Paris. L'ouvrage était près d'être confectionné, mais les circonstances ne permirent point de l'achever. J'ajoute que d'abord on devait mettre la légende portant : *Naissance de la 2e révolution Française ;* mais que le graveur ne s'étant pas voulu charger de la faire, on substitua à cette légende celle *Commande, nous sommes toujours prêts.*

D N'a-t-il pas existé un second comité, qui transmettait au premier, dont vous faisiez partie, des nouvelles, des instructions et des ordres ?

R. J'ai entendu souvent parler d'un comité supérieur ; mais j'ignorai s'il était formé.

(M. Joannon fils a prié M. le président de faire préciser au Sr. Barbier l'époque à laquelle il a entendu parler de ce comité supérieur.)

A cette question faite par M. le président, Barbier a répondu:

R. J'ai entendu parler du comité supérieur quelque temps après mon admission au premier comité, sans pouvoir préciser l'époque ; mais je n'ai été certain de son existence que lorque Cochet a annoncé qu'il allait y passer.

D. Quels sont les noms des personnes qui composaient le second comité ?

R. Je n'ai jamais connu les membres du comité supérieur. Un jour je priai Taisson de me les faire connaître ; il me dit : *Voudriez-vous que l'on vous fît connaître à vos inférieurs* ? Cela me ferma la bouche, et jamais je ne lui ai renouvelé cette demande.

J'entendais journellement parler dans notre comité, des sieurs Bernard, Joannard et Indigo, et quelquefois de M. Joannon fils ; mais je fais remarquer à l'égard de ce dernier, que lorsque Cochet eut quitté notre comité, il ne fut plus question de lui Joannon.

D. Dites-nous à quelle époque M. Cochet annonça à votre comité qu'il allait passer au comité supérieur ?

R. Quelque temps avant le jour où Cochet nous fit prêter le serment dont j'ai parlé, sans pouvoir préciser l'époque ; il nous dit que notre comité n'était pas assez éclairé pour diriger une aussi grande opération ; qu'il allait entrer dans un comité supérieur, où il serait mieux informé, et d'où il nous dirigerait lui-même, en communiquant les nouvelles à un seul des membres de notre comité ; mais j'explique que Cochet ne quitta notre comité qu'apres la réception des anonymes où l'on nous avertissait que la police était sur nos traces.

D. Quelles nouvelles, quelles instructions, quels ordres avez vous reçus de ce comité supérieur ?

R. C'était plutôt des nouvelles que des ordres que notre comité recevait Ces nouvelles, avant de nous être communiquées, étaient adroitement répandues dans le public, afin de l'indisposer contre le Gouvernement, et chaque membre de notre comité les recueillait avant qu'elles nous fussent communiquées directement.

D. De quelle nature étaient ces nouvelles qui vous étaient communiquées ?

R. On annonçait l'arrivée à Paris de deux officiers supérieurs venant de la Belgique, pour se mettre à la tête de la conspiration ;

Que les Allemands armaient contre le Piémont et la Hollande ;

Que le prince Eugène Beauharnais était à la tête de la conspiration avec Marie-Louise ; qu'il devait venir à Lyon avec Grouchy et plusieurs autres généraux ; et tant d'autres nouvelles aussi absurdes.

D. Quels furent les moyens combinés par votre comité, pour enrôler des hommes dans la conspiration ?

R. Chacun des chefs, membre du comité dont je faisais partie, avait sous ses ordres deux ou trois sous-chefs, qui, selon le caprice du chef, prenaient la désignation d'un grade militaire, tel que major, chef de bataillon, ou adjudant-major ; ceux-ci avaient également sous leurs ordres chacun huit ou dix autres hommes qui enrôlaient un certain nombre d'individus qu'ils commandaient. Ces subalternes étaient inconnus aux chefs composant le comité, chacun, dans son grade, ne communiquant qu'avec son chef immédiat. Cependant il n'était pas absolument enjoint aux chefs de se choisir huit sous-chefs *pour enrôler* ; chacun avait le droit d'en prendre le nombre qu'il voulait,

D. A quel nombre fut porté par vos sous-chefs ou enrôleurs les hommes dont vous pouviez disposer !

R. Ces hommes furent portés à un nombre très-considérable ; il nous parut exagéré, et pour savoir l'exacte vérité, nous résolûmes d'annoncer à nos subalternes que les hommes qu'ils avaient sous leurs ordres devaient être opposés à un nombre égal d'adversaires dans les divers postes qui leur seraient assignés, et que comme ils étaient responsables des postes qui leur seraient confiés, ils devaient être extrêmement exacts, dans leurs rapports, sur le nombre d'hommes dont ils pouvaient disposer. Cet avis eut pour résultat de nouveaux rapports qui présentèrent une diminution de près de moitié, et le nombre d'hommes se trouva réduit à près de trois mille hommes.

D. Jacquit ne devait-il pas réunir ses forces aux vôtres ? n'avait-il pas quinze cents hommes à disposer dans la ville, outre ses enrôlés de la campagne ?

R. Oui Monsieur, Jacquit devait réunir toutes ses forces aux nôtres, et le nombre des enrôlés dans la campagne, selon lui, doublait et triplait même ses forces de la ville.

D. Comment votre comité fut-il instruit que Jacquit, homme audacieux et entreprenant, devait seul faire son mouvement, soit dans les campagnes, soit dans la ville, le dimanche premier juin ?

R. Nous en fûmes d'abord instruits par le bruit qui en courait dans la ville : nous n'y faisions pas beaucoup attention ; mais bientôt Bernard en instruisit Taisson et moi dans une entrevue que nous eûmes ensemble le 30 mai, vis-à-vis du pont Volant. C'est là que j'appris que Jacquit devait se réunir avec ses sous-chefs chez Mermet le 31 mai. Je pressai

Taisson de s'y trouver pour forcer Jacquit à donner contr'ordre à son mouvement. Taisson assista en effet à cette réunion ; il me rendit compte le soir même de ce qui s'y était passé, et m'annonça que Bernard s'y était trouvé, et que Jacquit avait paru consentir à ajourner son mouvement.

D. Votre comité ne députa-t-il pas plusieurs de ses membres auprès de Jacquit pour le forcer à donner contr'ordre au mouvement qu'il avait ordonné pour le premier juin ?

Le même soir, après avoir quitté Taisson, j'appris que Jacquit n'avait pas l'intention de donner le contr'ordre, qu'au contraire il faisait des préparatifs pour exécuter son mouvement. Le lendemain premier juin, je me rendis à quatre heures et demie du matin chez Taisson, je lui dis que Jacquit persistait à vouloir opérer son mouvement, et qu'il fallait le voir absolument. Taisson me dit de me rendre au café de la place Grôlier, qu'il allait chercher Jacquit, et qu'il l'emmènerait dans le café. Je m'y rendis de suite, et peu de temps après Jacquit arriva avec Flacheron et Taisson. Il s'engagea entre nous une altercation tres-vive, à la suite de laquelle Jacquit me porta le pistolet sur la gorge ; mais enfin nous obtînmes de lui qu'il donnerait contr'ordre à son mouvement des campagnes, ce qu'il exécuta de suite, ayant envoyé des dépêches en notre présence.

(M. Guerre a prié M. le président de demander à Barbier dans quelle vue fut proposé le contr'ordre; était-ce pour faire renoncer Jacquit au projet d'agir contre le Gouvernement, ou seulement pour faire différer son mouvement, afin d'agir de concert, et de réunir leurs forces ?)

M. le président ayant fait cette question à Barbier. Celui-ci a répondu : Le vœu général était de faire donner contr'ordre au mouvement ordonné par Jacquit, pour agir de concert et réunir nos forces.

D, Ne fut-il pas arrêté que le mouvement se ferait en commun et dans le même intérêt ? qu'il aurait lieu le dimanche 8 juin à Lyon a 7 heures du soir, et dans les campagnes où Jacquit avait ses agens, quelques heures avant, afin que les conjurés des campagnes fussent aux portes de la ville au moment où les conjurés de l'intérieur commenceraient l'attaque ?

R. Oui, Monsieur, cela est exactement la vérité.

D. Le plan d'attaque ne fut-il pas discuté et arrêté entre les membres de votre comité et ceux de Jacquit ?

Oui, Monsieur, et ce fut au plan de Vaise qu'il fut définitivement arrêté.

D. Faites-nous connaître ce plan.

R. D'après ce plan, il avait été formé sept postes que les conjurés devaient occuper pour s'emparer de la ville, lesquels furent répartis ainsi qu'il suit : *Premier poste*, la caserne de Serin, sept cents cinquante hommes, dont deux cent cinquante sous mes ordres, placés hors la barrière de Serin et sur les hauteurs de la Croix-Rousse : cinq cents sous les ordres de Jacquit, dont 250 du pont Saint-vincent à la Poudrière, et 250 en Bourgneuf, l'Observance et Vaise, pour s'emparer du pont de Serin.

Second poste. La caserne du Bon Pasteur, 200 hommes commandés par Marel, sous-chef de Taisson.

Troisieme poste. La caserne des Colinettes, 200 hommes commandés par un sous chef de Jacquit.

Quatrième poste. La caserne de la gendarmerie et l'hôtel-de-ville, 800 hommes commandés par Mermet et Flacheron, Sous-chefs de Jacquit.

Cinquième poste. La ligne du pont de l'Archevêché au pont de la Guillotière, 200 hommes sous les ordres de Volozan cadet.

Sixième poste. La caserne de la nouvelle douane, 300 h. sous les ordres de Taisson et de Burdel.

Septième poste. L'arsenal, 200 hommes sous les ordres de Volozan l'aîné.

D. A quelle heure devait commencer l'attaque?

R. L'attaque devait commencer à sept heures du soir.

D. Qui devait commencer l'action?

R. C'est moi qui devais la commencer, après avoir fait partir une fusée pétillante de mon poste; signal qui avait été adopté pour annoncer le commencement de l'action, afin qu'elle fût générale et exécutée en même temps.

D. Avant l'heure indiquée pour l'attaque, vérifia-t-on si les enrôlés étaient chacun au poste qu'ils devaient occuper?

R. Je vérifiai moi-même mon poste; afin de m'assurer si tous mes hommes y étaient. Je reconnus que tous les cabarets où ils devaient se trouver étaient pleins. Je descendis ensuite, par le chemin de la Butte, en Serin. Je visitai les cabarets depuis la caserne jusqu'à la Pêcherie; et tous les cabarets étaient pleins. Enfin il en était de même à la place des Célestins, à celle des Jacobins, la rue Écorcheboeuf, et au port du Temple. Ces réunions me parurent effrayantes, pour moi qui savais ce qui devait arriver. Je dois ajouter qu'à six heures et demie je vis presque mon poste tout désert.

D. Tout ayant été combiné, toutes les mesures ayant été prises, les enrôlés étant à leur poste, comment la chose n'est-elle pas allée plus loin?

R. Je n'en sais rien.

D. N'est-ce pas la manœuvre des Suisses qui se mirent en bataille à la tête du pont de Serin, et leur bonne contenance, qui ont intimidé les conjurés et fait échouer leur entreprise?

R. Je ne le crois pas, Monsieur; nous n'avons pas conspiré, et nous n'avons pas préparé l'exécution d'un mouvement, sans être sûrs de trouver des obstacles et de l'opposition, et les Suisses n'ont point empêché que le mouvement ne s'exécutât.

D. Quelle est donc la cause qui vous a empêché d'agir et de mettre à exécution votre horrible complot?

R. Avant de commettre le crime tout homme est audacieux; mais lorsqu'il s'agit de l'exécuter, bien souvent il est timide et plus réfléchi.

J'ignore absolument ce qui a empêché l'exécution de notre complot.

(M. Guerre a prié M. le président de demander à Barbier s'il n'avait fait donner aucun ordre de se retirer?)

M. le président ayant fait cette question à Barbier, celui-ci a répondu :

Oui, Monsieur; j'ai donné l'ordre à Biternay de dire à Morel de se retirer. Il occupait le poste établi à la caserne du Bon Pasteur.

D. Ce qui a pu vous déterminer de vous retirer sans agir, n'est-ce pas la connaissance que vous auriez eue que vos projets criminels avaient été revélés dans la campagne, et que l'autorité s'était mise en mesure d'arrêter les bandes des communes rurales?

R. Non Monsieur; car je n'ai point eu connaissance de la dénonciation dont vous parlez; mais dailleurs, cette dénonciation ne nous aurait pas intimidés, parce que nous savions que nos projets étaient connus. Les conjurés en parlaient trop librement dans la ville.

D. De quelle manière s'est-on procuré des cartouches?

R. Je l'ignore parfaitement. Bernard m'en a apporté quatorze paquets chez moi. Je sais que Jacquit devait en faire faire beaucoup

D. N'avez-vous pas connaissance que Burdel a fait sonder le sieur Arban, artificier, pour savoir s'il voulait se charger de faire 30 à 40 mille cartouches?

R. Je sais qu'il devait être proposé à Arban de faire des cartouches; mais j'ignore si elles ont été faites.

D. N'avez-vous pas été avec Jacquit dans un cabaret de la rue Ecorchebœuf, pour voir des cartouches qui devaient y être déposées?

R. Oui Monsieur; Jacquit me dit qu'il me menait dans un endroit où il devait y avoir 60 mille cartouches. En entrant, il demanda au cabaretier : sont-elles arrivées? Ce dernier répondit : pas encore; mais elles doivent arriver à neuf heures. Savez-vous, lui dit Jacquit, si elles viendront sur une charrette, ou si elles seront apportées par plusieurs personnes? Le cabaretier répondit qu'il l'ignorait. En sortant, Jacquit m'ajouta que ces cartouches lui étaient fournies par un homme qui demeurait à Perrache.

D. Quel nombre de cartouches a-t-on distribué?

R. Je sais qu'il en a été distribué, mais j'ignore le nombre.

D. Quelle mesure avait-on adoptée pour réduire les Suisses de la caserne de Serin?

R. Je devais placer au fort Saint-Jean 100 hommes non armés qui auraient continuellement fait rouler des pierres de ce fort sur les Suisses qui seraient sortis sur le quai pour s'opposer aux mouvemens des conjurés.

D. Ne deviez-vous pas aussi incendier la caserne des Suisses, pour augmenter le tumulte et la confusion?

R. Oui Monsieur; et pour y parvenir je devais placer des fagots goudronnés dans des lieux souterrains qui sont positivement au-dessous des casernes occupées par les Suisses ; et après avoir demantelé le toit de ces casernes à coups de pierres qui auraient été lancées par mes 100 hommes, en cas d'une forte résistance, je devais faire mettre le feu aux fagots pour incendier les casernes.

D. Ces mesures incendiaires avaient-elles été adoptées par les comités !

R. C'était arrêté dans le plan d'attaque et d'exécution.

D. Les fagots goudronnés étaient ils préparés et placés au lieu indiqué ?

R. Non, Monsieur; j'étais chargé de préparer et de placer ces fagots goudronnés; mais je ne l'ai point fait.

D. Il a été distribué de l'argent : savez-vous combien il en a été distribué parmi les conjurés ?

R. Il n'a pas été distribué beaucoup d'argent : je pense qu'il s'est distribué seulement de 3 à 4 mille francs.

D. Combien avez-vous reçu d'argent vous-même ?

R. J'ai reçu 921 fr. 50 c., savoir : 100 fr. de Taisson, et 821 fr. 50 c de Bernard et Joannard.

D. A quel emploi était destiné cet argent ?

R. Cet argent était destiné pour être distribué en partie à mes sous-chefs le jour de l'exécution ; mais je remarque que j'ai gardé pour moi les 821 fr. 50 c. que Bernard et Joannard m'avaient remis.

D. Savez-vous où Taisson recevait l'argent qu'il distribuait ?

R. Non, Monsieur; j'ai ouï dire par lui qu'un individu désigné sous le nom de *Pont-de-Pierre* lui en fournissait.

D. Bernard et Joannard ne sont pas très-fortunés ; il est probable que l'argent qu'ils vous ont fourni est sorti d'une bourse étrangère : savez-vous où ils le recevaient ?

R. Je ne connaissais pas assez ces messieurs pour savoir s'ils étaient fortunés ou non ; mais j'ai été toujours dans la croyance que c'était eux-mêmes qui fournissaient l'argent qu'ils m'ont donné.

D. N'avez-vous pas su que, dans la vue d'exaspérer le peuple et de le porter à la révolte en l'affamant, les ennemis du Gouvernement avaient accaparé du blé pour en faire exhausser considérablement le prix ?

R. Je ne sais point cela, Monsieur ; cette combinaison est au-dessus de nous.

D. N'avez-vous pas répandu dans le public que des officiers civils et militaires étaient entrés dans la conspiration ?

R. Oui, Mr., les membres de notre comité ont répandu ce bruit ; je l'ai cru fermement, et tout autre à notre place l'eût cru.

D. Quelles sont les causes qui vous ont porté à croire une chose aussi absurde ?

R. C'est que tous les conjurés parlaient ouvertement de la conspiration ; que Jacquit agissait publiquement, soit pour enrôler, soit pour donner ses ordres ; c'est que quelques conjurés ayant été arrêtés, ont ensuite été relâchés après avoir subi un interrogatoire pour la forme ; enfin, Monsieur, tout

tout nous portait à croire que certaines autorités servaient la conspiration.

D. N'est-ce pas, au contraire, une ruse, un stratagême que votre comité et celui de Jacquit auraient employé afin de vous attirer plus de monde, et par cette mesure basse et perfide entraîner dans votre parti les hommes confians et crédules ?

R. Cela peut être, Monsieur ; mais pour nous, membres du comité, nous croyions fermement que certaines autorités servaient la conspiration, et j'ose dire que cette creance est la principale cause que la conspiration a été poussée aussi loin.

D. N'avait-on pas répandu aussi qu'il existait un tribunal secret où on traduirait ceux qui auraient la faiblesse ou l'indiscrétion de révéler quelque chose de la conspiration ; que devant ce tribunal ils étaient de suite percés à coups de poignard ; que déjà on avait trouvé quelques malheureux ainsi assassinés, soit à Perrache, soit aux Brotteaux, et à la Pêcherie, ayant encore dans le sein le poignard qui les avait percés, avec un écrit portant : *Voila la récompense réservée aux traîtres ?*

R. C'est Jacquit qui a répandu le bruit de l'existence d'un pareil tribunal ; mais je n'y ai jamais cru.

Ce que j'ai cru, c'est que lorsque les autorités qui servaient la conspiration connaissaient des conjurés qui commettaient des indiscrétions et trahissaient leur serment de ne rien révéler, elle les faisait arrêter, et les faisait poignarder ensuite ; et je crois que c'est ce qui a assuré la marche de la conspiration. La crainte d'être frappés par ce tribunal a arrêté beaucoup de conjurés qui auraient voulu ou révéler, ou se retirer.

D. N'avait-on pas arrêté dans les comités qu'on devait changer et remplacer les autorités ?

R. Nous n'aurions changé que très peu d'autorités.

D. Quel sort réservait-on aux administrateurs, aux serviteurs fidelles du Roi, aux prêtres et aux nobles ? ne devait-on pas les victimer ?

R. Si on m'avait dit qu'il fallait changer et égorger toutes les autorités, j'aurais vu que certaines d'elles ne servaient pas la conspiration ; j'aurais vu dès-lors que nous étions trompés, et je me serais retiré de la conspiration. Jamais il n'a été question dans le comité de faire des victimes.

D. Cependant, il résulte des déclarations de Verney, qu'il était convenu avec Flacheron de s'opposer aux intentions manifestées par Jacquit, de faire assassiner une grande partie des personnes aussitôt apres que l'affaire aurait réussi, et ces déclarations coïncident parfaitement avec les ordres que Jacquit avait donnés aux chefs de bandes des campagnes de piller, assassiner les maires, nobles, prêtres et royalistes ?

R. J'ignore parfaitement l'existence de ces ordres ; mais je suis bien persuadé que si l'affaire eût commencé et eût réussi, il y aurait eu beaucoup de victimes, parce qu'on n'aurait jamais pu arrêter les désordres qui auraient été commis par les bandes des conjurés, la plupart tourmentés par la misère, et qui voulaient le pillage.

D. Dans le désespoir d'avoir vu leur entreprise échouée, les conspirateurs n'avaient-ils pas conçu plusieurs projets de tenter un nouvel effort ? et sur-tout, le 10 juin, n'y eut-il pas une réunion aux Etroits, où Jacquit proposa de faire brûler le pont de la Mulatière, afin d'occasionner par-là une émeute, et d'en profiter pour s'emparer de la ville ?

R. Voici ce que je sais de la réunion qui eut lieu aux Etroits.

Le dix juin, un sous-chef de Morel (ce dernier est celui qui devait s'emparer de la caserne du Bon Pasteur, et à qui je fis donner l'ordre par Biternay de se retirer le huit juin, jour de l'explosion du complot), vint me communiquer que Jacquit avait passé la revue aux Etroits de cent conjurés ; qu'il avait proposé de tenter un nouvel effort, et qu'il leur avait expliqué que pour y parvenir il avait résolu de parcourir avec ces cent hommes les campagnes, de les faire insurger, et de les réunir au bois d'Alix, où tous les conjurés de la ville devaient se retirer.

Je fis entrevoir à ce sous-chef tout ce qu'il y avait de dangereux dans ces démarches ; je voulus le détourner de suivre Jacquit ; mais il me dit :

« J'ai trouvé son plan sage, j'ai promis à Jacquit de le suivre avec cent-cinquante hommes que j'ai à ma disposition, et je dois les réunir demain au Grand Camp, situé aux Brotteaux, d'où nous devons partir pour le bois d'Alix ; si tu veux venir nous voir, nous y serons à dix heures du matin. »

Le lendemain je me rendis au lieu indiqué ; je trouvai le sous-chef avec neuf autres sous-chefs ; ces derniers me dirent qu'ils avaient quinze hommes chacun, et qu'ils allaient partir. Je voulus leur faire les mêmes observations qu'au premier : alors l'un d'eux me lança un coup de pied dans le ventre, qui me renversa, en disant que j'étais un agent de la police, que j'avais trahi les intérêts de la conspiration, et qu'il fallait y passer. Ils s'apprêtaient à me tuer ; mais le sous-chef qui m'avait attiré là, employa tous les moyens possibles pour me sauver la vie. Alors un de ces individus me dit qu'il voulait me faire jouer au jeu d'alonger et de rétrécir le corps. Je ne connaissais pas ce jeu, mais je pensais bien qu'il n'y avait rien de bon pour moi. On me fit étendre par terre sur le dos ; on me fit mettre les bras en croix, et on me dit : Lorsqu'on vous commandera d'alonger les jambes, il faudra les retirer, et lorsqu'on vous commandera de les retirer, il faudra les alonger ; si vous n'êtes pas exact à obéir à ce commandement, on vous cassera les jambes à coups de bâton. On me fit faire ce pénible exercice pendant un quart d'heure au moins, et je fus assez adroit et assez heureux pour éviter les coups de bâton. Ces individus voyant enfin que j'avais échappé à la mort par mon adresse, me lièrent les pieds et les mains ; ils me portaient, ainsi attaché, pour me jeter dans le Rhône, qui n'était éloigné que de cinquante pas. Mais le sous-chef qui m'avait attiré dans ce lieu dangereux, me voyant perdu, s'empara d'un bâton, et dispersa mes assassins; il me délia les pieds et les mains, et je pris aussitôt la fuite précipitamment. Trois de ces individus me poursuivirent, mais ils ne purent pas m'atteindre, et je dus ma vie à mon agilité.

D. Quel est le nom du sous-chef qui vous a fait la communication dont vous venez de nous rendre compte, et qui vous a sauvé la vie?

R. Je n'en sais rien. (Aussitôt Barbier a baissé la tête.)

D. Parmi les membres de votre comité, n'y en avait-il point qui eussent participé à la conspiration de Rosset?

R. Je sais, pour le leur avoir ouï-dire à eux-mêmes, que Mermet, Burdel, Bonnand et Taisson, avaient été des agens de la conspiration de Rosset; ils étaient surpris de n'avoir pas été arrêtés.

Après cet interrogatoire, la séance a été levée, et les débats renvoyés au lendemain 26 octobre, à 10 heures du matin.

Le 26, la Cour a repris la continuation des débats. M. le président a interrogé Jean-Baptiste Volozan cadet ainsi qu'il suit:

D. A quelle époque avez-vous connu la conspiration?

R. Je ne l'ai connue qu'à l'époque de la Noël dernière, où je fus admis à faire partie du comité C'est Taisson qui m'y a entraîné.

D. Quel but avait la conspiration?

R. C'était de renverser le gouvernement actuel, de faire monter Napoléon II sur le trône.

D. Quels sont les membres du comité insurrecteur dont vous faisiez partie?

R. Les membres du comité étaient Taisson, Cochet, Mermet, Bonnand, Burdel, Barbier, mon frère et moi.

D. Qui présidait votre comité?

R. Taisson en était le président, et Barbier le secrétaire.

D. Tous les membres de votre comité étant réunis dans l'auberge de Loison, rue du Garet, ne vous liâtes-vous pas par un serment prêté sur un poignard?

R. Je n'ai point assisté à la réunion où ce serment fut prêté sur un poignard; j'ai su cependant qu'il a été prêté, et que c'est Cochet qui l'a proposé;

D. Ne vous a-t-on pas dit quel était ce serment?

R. Taisson et Barbier, je crois, furent ceux qui m'instruisirent que ce serment fut prêté sur un poignard, et qu'on avait juré de perdre plutôt la vie que de se dénoncer, et dans le cas où l'un de nous serait arrêté, de le secourir au moyen d'une cotisation faite entre nous.

D. Votre comité, pour se montrer digne de la mission qu'il aurait reçue, ou pour se faire un mérite de ce qu'il ferait pour

Napoléon, n'aurait-il pas eu le dessein d'envoyer à Marie-Louise une décoration qui consacrerait votre amour pour lui, et le désir comme l'espérance de le revoir sur le trône ?

R. Oui, Monsieur, j'ai vu le dessin de cette décoration ; d'un côté il y avait un pélican nourrissant ses petits, entouré d'une légende portant : *Français, suivez mon exemple* ; et de l'autre côté une N, avec la légende : *Parle, nous sommes toujours prêts*. On devait faire six décorations semblables ; une en or pour Marie-Louise, et les cinq autres pour les membres du comité, Taisson, Burdel, Barbier, mon frere et moi. Cette décoration devait s'appeler *la decoration de l'etoile*.

D. N'a-t-il pas existé un second comité qui vous donnait des nouvelles, des ordres, et des instructions ?

R. Oui Monsieur.

D. Quelles sont les personnes qui composaient ce second comité ?

R. Jamais nous n'avons bien connu les membres de ce comité ; mais nous avons soupçonné que Bernard et Joannard en faisaient partie.

D, Quels ordres, quelles nouvelles, quelles instructions avez vous reçu de ce second comité ?

R. Je n'ai reçu personnellement aucun ordre, ni aucune nouvelle ; mais je sais que Bernard et Joannard communiquaient des nouvelles à notre comité, et l'entretien que Bernard eut avec Jacquit dans la réunion qui eut lieu chez Mermet, m'a fait connaître que Bernard était au-dessus de nous.

D. Donnez-nous connaissance de l'entretien qu'eut Bernard avec Jacquit chez Mermet ?

R. Bernard ayant été instruit du mouvement précipité que voulait faire faire Jacquit le premier juin, voulut savoir sous les ordres de qui il agissait. Il se rendit à cet effet, ainsi que Taisson, chez Mermet, où Jacquit se trouva ; il demanda à ce dernier de lui nommer le chef dont il recevait les ordres. Celui-ci répondit : c'est mon secret. Bernard dit alors à Jacquit de lui indiquer seulement la dernière lettre de son nom. Jacquit la lui ayant dite, il répondit : vous ne savez rien, je n'ai pas connaissance de cela. Il reconnut qu'ils n'étaient pas sous les ordres des mêmes chefs. Ils convinrent cependant que dorénavant ils agiraient de concert.

D, Quels furent les moyens combinés par votre comité pour parvenir à mettre à sa disposition un grand nombre d'hommes armés ?

R. Les membres des comités devaient se donner des sous-chefs pour enrôler : j'avais promis d'en nommer, mais je ne l'avais point fait.

D. A combien se portaient les hommes que vous avez enrôlés ?

R. J'ai dit au comité que j'avais sous mes ordres 200 hommes ; mais cela était faux, et je n'avais fait ce rapport que pour me soustraire aux reproches des autres membres du comité.

D. Sur la fin du mois de mai dernier, votre comité ne fut-il pas instruit que Jacquit, homme vif et ardent, se plaignait de vos lenteurs pour agir, et que par ce motif il s'était décidé à agir seul, ayant à sa disposition toutes les campagnes environnant la ville, qu'il avait insurgées, et quinze cents hommes dans la ville, outre un nombreux état-major ?

R. Oui, Monsieur; nous fûmes instruits que Jacquit devait agir le dimanche 1er. juin avec ses seules forces.

D. Votre comité, voyant que ce mouvement était trop précipité, ne députa-t-il pas plusieurs de ses membres auprès de Jacquit, pour l'engager à donner contr'ordre ?

R. Je sais que Taisson et Barbier ont parlé à Jacquit pour faire donner contr'ordre; mais le comité ne s'est point réuni pour les députer auprès de Jacquit; ils y ont été spontanément.

D. Ne fut-il pas arrêté que le mouvement se ferait en commun et dans le même intérêt; qu'il aurait lieu le dimanche 8 juin, à 7 heures du soir à Lyon, et dans les campagnes où Jacquit avait ses agens, quelques heures avant, afin que lorsque le mouvement de la ville s'opérerait, les bandes des campagnes fussent aux portes de la ville, pour assurer le succès de la conspiration ?

R. Je sais que cela a été arrêté, mais j'ignore par qui. Je crois cependant que c'est entre Bernard, Jacquit et plusieurs membres de notre comité.

D. Le plan d'attaque ne fut-il pas discuté et définitivement arrêté entre les membres de votre comité et Jacquit?

R. Le plan d'attaque fut arrêté définitivement à Vaise entre les membres de notre comité et du comité de Jacquit.

D. Quel poste deviez-vous occuper d'après ce plan?

R. Je devais commander le poste établi sur la ligne du pont de l'Archevêché jusques au pont de la Guillotière. Mais j'ignore de combien d'hommes le poste devait se composer.

D. Est-il à votre connaissance que Jacquit, outre ses forces de la campagne, avait à sa disposition quinze cents hommes dans la ville, outre un état-major nombreux ?

R. Oui Monsieur.

D. Avant l'heure indiquée pour le moment de l'attaque avez-vous vérifié si les enrôlés étaient à leur poste?

R. Les rapports de mes sous-chefs m'annoncèrent qu'ils avaient réuni de 120 à 130 hommes au poste que je devais commander. Taisson et Burdel m'assurèrent avoir réuni plus de 800 hommes dans les quartiers de la place des Jacobins, celle des Célestins, les rues Ecorchebœuf, Bourgchanin et Belle-Cordière.

D. Savez-vous comment les conjurés se sont procuré des armes? et est-il à votre connaissance que les conjurés fussent armés le jour de l'explosion du complot ?

R. Il est à ma connaissance que les conjurés devaient se procurer des armes pour l'exécution du complot, d'après les ordres qui leur avaient été donnés; et l'on devait s'emparer de l'arsenal, afin d'armer ceux qui ne le seraient pas.

D. Tout ayant été combiné, toutes les mesures ayant été prises pour faire réussir la conspiration, comment se fait-il que la chose ne soit pas allée plus loin ?

R. Frappé de l'idée de voir les Lyonnais s'entr'égorger, et des malheurs qui allaient arriver, je me décidai à abandonner mon poste; c'est le seul motif qui me détermina à me retirer, malgré les menaces que Jacquit m'avait faites, de m'assassiner, si je ne le secondais pas.

D. Avez-vous invité vos sous-chefs à se retirer, et à faire retirer les hommes qui étaient à leur disposition ?

R. Oui Monsieur.

D. Quels sont vos sous-chefs ?

R. Ce sont ceux que Jacquit mit à ma disposition ce jour-là.

D. Nommez-les ?

R. Ce sont Gébel, Dumas et son ami.

D. De quelle manière les conjurés s'étaient-ils procuré des cartouches ?

R. Je l'ignore, mais je sais que Jacquit devait en fournir. J'ai même été présent lorsque, dans l'auberge de la Duchère, située au-delà de la Pyramide de Vaise, Jacquit dit à Barbier qu'il pouvait faire prendre dans cette auberge trois cents paquets de cartouches.

D. Savez-vous quelles mesures on avait adoptées pour contenir les Suisses ?

R. Non, Monsieur. Il était laissé à la prudence du chef qui était chargé d'attaquer la caserne que les Suisses occupaient, d'employer tous les moyens propres à réussir.

D. Ne savez-vous pas que Barbier devait placer cent hommes sur le fort Saint-Jean, qui domine les casernes des Suisses; que ces hommes avaient l'ordre de faire rouler des pierres sur les Suisses qui auraient voulu sortir pour s'opposer aux mouvemens des conjurés; et, en cas d'une forte résistance, que Barbier devait faire mettre le feu à des fagots goudronnés qu'il aurait placés dans des lieux souterrains qui sont positivement au-dessous desdites casernes, afin de les incendier ?

R. Je sais que Barbier était chargé de contenir les Suisses; mais je persiste à soutenir que j'ignore les mesures qu'il devait prendre pour y parvenir.

D. Savez vous quelle somme on a distribuée aux conjurés le dimanche 8 juin, ou avant ?

R. Je sais qu'il a été distribué de l'argent, mais je ne pourrais pas déterminer la somme. Barbier en a reçu de Bernard et de Taisson.

D. N'en avez-vous pas reçu vous-même ?

R. J'ai reçu de Taisson 150 francs, que j'ai dépensés ou distribués.

D. N'avez-vous pas su qu'il y avait cinq cent mille francs déposés chez un notaire, où ceux qui avaient besoin d'argent pour enrôler, pouvaient en aller prendre, en donnant connaissance des hommes par eux enrôlés ?

R. Oui, Monsieur, Jacquit m'a parlé de cet argent déposé chez un notaire. Il m'a dit aussi en avoir retiré douze cents francs.

D. N'avez-vous pas su que, dans la vue d'exaspérer le peuple et de le porter à la révolte en l'affamant, les ennemis du gouvernement avaient accaparé du blé pour en faire exhausser considérablement le prix ?

R. Taisson m'a dit un jour, que l'accaparement des grains se faisait à force, et qu'il fallait presser l'exécution des mouvemens.

D. Les membres de votre comité n'avaient-ils pas répandu dans le public que des officiers civils et militaires servaient la conspiration ?

R. Oui, Monsieur, et tous avaient la certitude que certaines autorités étaient à la tête de la conspiration.

D. Quelles sont les causes qui vous ont porté à croire une chose aussi absurde ?

R. Les principales causes sont, que Jacquit parlait ouvertement de la conspiration dans les rues, dans les cafés ; qu'il donnait ses ordres aussi publiquement; que Taisson nous annonça qu'il allait faire arrêter le nommé Chambouvet, parce qu'il parlait trop, et qu'effectivement Chambouvet fut arrêté par la police.

D. Les membres de votre comité n'avaient-ils pas encore répandu qu'il existait un tribunal secret où on traduisait les conjurés qui, par indiscrétion auraient révélé quelque chose de la conspiration ; que devant ce tribunal ils étaient de suite percés à coups de poignard ; que déjà on avait trouvé quelques malheureux ainsi assassinés, soit à Perrache, soit aux Brotteaux et à la Pêcherie, ayant encore dans le sein le poignard qui les avait percés, entouré d'un écrit portant : *Voilà la récompense des traîtres* ?

R. C'est Jacquit qui avait répandu le bruit de l'existence de ce terrible tribunal ; et je vous avoue que j'y croyais. Jacquit me dit que dans ce tribunal, se trouvaient huit-exécuteurs, quatre à la porte, et un à chaque coin ; qu'ils avaient le poignard à la main et des pistolets à la ceinture, et qu'ils avaient juré d'assassiner tous ceux qui révéleraient quelque chose ; et c'est la crainte d'être frappé par ce tribunal qui m'a retenu aussi long-temps dans la conspiration.

D. Quel sort réservait-on aux administrateurs, aux serviteurs fidèles du Roi, aux prêtres et aux nobles ? Ne devait-on pas les victimer ?

R. On ne devait faire aucun mal à personne.

D. N'avait-on pas arrêté que si l'on faisait grâce aux soldats suisses, il ne fallait pas laisser échapper le colonel, ainsi que M. Godinot, qui, ne se croyant pas, disait-on, en sûreté chez lui, allait coucher tous les soirs à la caserne, et qu'il fallait les égorger de suite, ainsi que tous les officiers ?

R. Cela n'est pas à ma connaissance.

D. Dans le désespoir d'avoir vu leur entreprise échouée, les conspirateurs n'avaient-ils pas conçu le projet de tenter un nouvel effort ? et sur-tout le 10 juin, n'y eut-il pas une réunion aux Etroits, où Jacquit proposa de brûler le pont de la Mulatière, afin d'occasionner une émeute, et d'en profiter pour s'emparer de la ville ?

R. Après le 8 juin, je n'ai assisté à aucune réunion de conjurés, et j'ignore parfaitement tout ce qu'ils ont voulu tenter depuis.

Cet interrogatoire fait, M. le procureur du Roi a requis la lecture des procès-verbaux des interrogatoires subis par Cochet, Bernard, Taisson, avant leur évasion, et Volozan l'aîné avant qu'il tombât en démence.

M. Beaugeard, avocat, a pris la parole, et s'est opposé à ce que cette lecture fût faite, par les motifs que, si l'on considérait comme témoins ces individus, cette lecture ne pouvait être ordonnée en leur absence, et que si on les considérait comme accusés, la loi s'opposait formellement à cette lecture.

M. Reyre a répliqué et persisté dans sa demande, en soutenant que ces procès-verbaux faisaient partie de la procédure, et que dès-lors la lecture devait en être ordonnée.

M. Gras, avocat, s'est levé; il a soutenu que la lecture des pièces dont il s'agit ne pouvait être ordonnée; et il a basé principalement son assertion sur ce que les accusés ne pouvaient se défendre sur des imputations faites contr'eux par des individus avec qui ils ne pouvaient être confrontés.

Enfin, M. Guerre, avocat, à son tour a soutenu que les déclarations même des accusés ne pouvaient être opposées aux co-accusés, fussent-ils présens, et à plus forte raison, a-t-il dit, les déclarations faites par des accusés absens doivent-elles être écartées de la procédure.

La cour, après délibéré, a ordonné la lecture des interrogatoires de Barbier et de Volozan cadet, accusés présens, sauf à faire droit sur la requisition du procureur du Roi après l'interrogatoire des accusés, défendus par MM. Guerre et Gras, avocats.

De suite le greffier a donné lecture à haute voix desdits interrogatoires, et, cette lecture faite, M. le président a interpellé tour-à-tour Barbier et Volozan de déclarer s'ils persistent au contenu de leurs réponses.

Ils

Ils ont répondu : « Oui, Monsieur. »

Ensuite M. le président a interrogé Biternay, ainsi qu'il suit :

D. A quelle époque êtes-vous entré dans la conspiration qui a éclaté à Lyon ?

R. Je suis entré dans la conspiration deux mois à-peu-près avant le 8 juin.

D. Connaissiez-vous le but de cette conspiration ?

R. Oui, Monsieur; c'était de renverser le Gouvernement actuel

D. Par qui avez-vous été initié dans la conspiration ?

R. Par Barbier.

Après cette réponse, Biternay s'est trouvé mal, et a prié M. le président de lui permettre de sortir.

M. le président a ensuite interrogé Meyer ;

D. A quelle époque avez-vous été initié dans la conspiration ?

R. Il y avait environ trois mois avant le 8 juin.

D Avez-vous connu le but de cette conspiration ?

R. Non, Monsieur.

D. N'avez-vous pas su qu'il était question de renverser le Gouvernement Royal, et de faire remonter Napoléon sur le trône ?

R. Non, Monsieur. Lorsque Chevalier m'a proposé d'entrer dans ce parti, il m'a dit seulement que c'était pour faire diminuer le pain.

M. le président a fait faire lecture par le greffier d'une déclaration de Meyer devant M. le Maire de Lyon. Voici le passage qui a été lu :

« Il y a environ trois ou quatre mois que Chevalier, cordonnier, Place Neuve, vint chez moi, et me parla du projet de renverser le gouvernement. Il me dit qu'il y avait une grande conspiration de formée, dans laquelle se trouvait le prince Eugene Beauharnais, le maréchal Suchet, et le général Grouchy ; qu'on voulait rappeler Napoléon ; qu'on était sûr de réussir. Il m'engagea à faire partie des conspirateurs, en me disant qu'aussitôt que le gouvernement royal serait détruit, on serait parfaitement heureux, le commerce irait bien, et on mangerait le pain à trois sous. Je leur promis d'être des leurs. Alors il me remit un Numéro sur un petit morceau de papier. »

D. Vous voyez que, d'après votre propre déclaration, vous connaissiez bien le but de la conspiration, qui tendait au renversement du Gouvernement, et au rappel de l'usurpateur ?

R. Non, Monsieur ; je ne connaissais point le but de cette conspiration, et je n'ai point déclaré tout ce qui est contenu dans l'interrogatoire que vous venez de faire lire.

C

D. N'avez-vous pas enrôlé le nommé Richoud, serrurier?

R. J'ai remis à Richoud le même N°. que Chevalier m'avait donné.

D. N'avez-vous pas été en Serin avec Richoud le 8 juin, étant habillé de votre uniforme de la garde nationale, et armé de votre sabre pour coopérer au mouvement qui devait avoir lieu ce jour-là à Lyon?

R. Oui, Monsieur.

D. N'avez-vous pas dépensé environ 50 francs pour payer à boire aux conjurés sous vos ordres?

R. Non, Monsieur; j'ai dépensé seulement avec Richoud la somme de 2 francs.

De suite, M. le président a interpellé Richoud de déclarer si Meyer ne lui avait pas dit qu'il avait dépensé le dimanche 8 juin environ 50 francs pour faire boire les conjurés?

Richoud a répondu : « Oui, Monsieur, Meyer me l'a dit. »

Meyer a dénié lui avoir tenu ce propos.

D. Dans la matinée du dimanche 8 juin, n'avez-vous pas été boire dans le cabaret de Jean-Marie Rey, situé en Serin? et n'avez-vous pas laissé dans ce cabaret votre fusil et votre giberne, dans laquelle se trouvait un paquet de cartouches, en lui disant que vous viendriez les chercher bientôt?

R. Non, Monsieur; je laissai par mégarde mon fusil et ma giberne, après la procession, au-devant de la porte d'une maison, et ces deux objets me furent enlevés. Voilà pourquoi j'ai pu dire à Richoud que cette perte, avec les 2 fr. que j'avais dépensés, pouvait se porter à 50 francs

D. Le cabaretier chez qui le fusil et la giberne dont il s'agit furent laissés, explique que l'individu qui les déposa chez lui avait l'accent et la prononciation d'un Allemand. Cela ne peut être que vous, et la tournure forcée que vous avez donnée à votre réponse semble le faire croire.

R. Je persiste à soutenir que je n'ai laissé mon fusil dans aucun cabaret, et qu'il m'a été enlevé.

D. A quelle heure vous êtes-vous retiré de Serin?

R. Entre cinq et six heures du soir.

D. En vous retirant, n'avez-vous pas dit à Richoud que le mouvement n'aurait pas lieu, parce que les chefs n'étaient pas présens?

R. Cela peut être : si je lui ai dit cela, je le tenais de Chevalier.

Biternay étant rentré dans l'auditoire, M. le président a continué son interrogatoire, comme il suit :

D. Barbier, en vous faisant entrer dans la conspiration,

ne vous avait-il pas donné un grade, et l'espérance d'une récompense ?

R. Barbier me dit qu'il me faisait son adjudant-major. Il me fit esperer que lorsque le Gouvernement serait changé, il me ferait donner une place honorable dans le civil, et une gratification considérable si je ne voulais pas conserver mon grade militaire. J'étais son sous-chef chargé d'enrôler autant d'hommes que je pourrais. Le nommé Dekiers était aussi sous-chef de Barbier.

D. Qui aviez-vous enrôlé dans la conspiration ?

R. J'avais enrôlé les nommés Chevalier, Gros-Jean, Banchet, Picard et Godet; mais je fais remarquer que je n'avais enrôlé ce dernier que dans l'imagination. J'avais chargé Chevalier, Gros-Jean et Banchet, d'enrôler à leur tour.

D. N'aviez-vous pas formé un petit comité pour faire les enrôlemens ?

R. Oui, Monsieur. Ce comité était composé de Dekiers, Chevalier, Galère et moi.

D. Combien avez-vous enrôlé d'hommes dans la conspiration ?

R. Nous avions enrôlé environ 250 hommes.

D. N'avez-vous pas fait faire un drapeau tricolore pour l'évènement du 8 ?

R. Dekiers m'avait parlé d'un drapeau tricolore qui se préparait, et je devais aller le voir avec lui et Barbier. Je crois qu'il me dit que Galere l'avait à sa disposition.

D. N'avez-vous pas reçu de l'argent, et n'en avez-vous pas donne à vos enrôles ?

R. Je n'ai reçu ni remis aucun argent. Barbier, notre chef, avait promis de donner à chaque homme 200 francs.

Barbier, interpellé par M. le président de déclarer s'il avait promis de donner 200 francs à chaque enrôlé, a répondu : « Oui, Monsieur, mais je ne devais les donner qu'après l'affaire. »

D. N'avez vous pas su que les conjurés avaient acheté du blé, pour en faire augmenter le prix, afin d'exciter le peuple à la révolte ?

R. Barbier m'a dit qu'ils avaient acheté de 45 à 50 mille bichets de blé; qu'ils avaient dépensé beaucoup d'argent dans cette opération; qu'ils faisaient ces sacrifices pour le donner à 6 ou 7 francs le bichet, et faire diminuer le pain lorsque le coup aurait réussi; que, pour engager le peuple à se soulever, ils ne lui donneraient rien, quoiqu'ils fussent obligés de jeter à l'eau le blé et la farine qui se gâtaient. Il m'a dit aussi que lorsqu'ils voulaient faire augmenter le blé, ils en envoyaient à la Halle, et qu'ils le rachetaient au prix qu'il leur convenait. On disait encore que les autorités servaient la conspiration, et que les Chasseurs et les officiers de la Légion devaient agir avec eux.

D. Qui vous a dit que les autorités devaient servir la conspiration ?

R. C'est Barbier. Il me parla également d'un tribunal secret qui faisait poignarder les conjurés qui commettaient la moindre indiscretion

D. Croyiez-vous à un pareil tribunal ?

R. Oui, Monsieur, tout de même j'y croyais.

D. Où avez-vous amené vos enrôlés le 8 juin, jour de l'explosion ?

R. A la Croix-Rousse.

D. Qui vous a donné l'ordre de vous retirer ?

R. C'est Barbier.

D. Vous en a-t-il expliqué les motifs ?

R. Non, Monsieur; il me dit seulement : Le coup ne se donnera pas aujourd'hui.

D. N'aviez-vous pas placé des fusils dans un bateau en Serin ?

R. Oui, Monsieur; j'en avais placé deux.

Audience du 31 octobre.

M. Reyre, procureur du Roi a pris la parole, et après avoir développé, dans un plaidoyer qui a duré trois heures, les moyens à l'appui de l'accusation, a conclu à ce que les nommés Barbier, Volozan cadet, Biternay et Marin, qui ont fait des révélations par suite desquelles des auteurs ou complices du complot ont été arrêtés, fussent exemptés de la peine capitale qu'ils avaient encourue, conformément à l'art. 108 du code pénal.

Il a conclu aussi à ce que Vernay fût déclaré coupable de participation au complot et à l'attentat qui fut commis le 8 juin, soit à Lyon, soit dans diverses communes rurales du département, et que, conformément aux articles 87, 91 et 59, du code pénal, il fût condamné à la peine de mort : sauf à la cour, si elle le juge à propos, de recommander cet accusé à la commisération royale.

Il a conclu enfin contre Joannon fils, Mme. Lavalette, Cerisiat, Meyer, Gébel, Gaguère, Coindre, Granger, Manquat, Gervais, Peraud, Baudran, Berger, à ce qu'ils soient condamnés à la peine d'emprisonnement de deux à cinq ans, comme coupables d'avoir connu le complot qui s'est exécuté à Lyon, sans en avoir fait la révélation aux autorites, ainsi que la loi les y obligeait.

Il a demandé le renvoi des autres accusés.

Sur la demande des accusés, la cour a renvoyé

la continuation des plaidoiries à l'audience qu'elle tiendra demain 1er. novembre, à 10 heures du matin.

Audience du 2 novembre.

La Cour prévôtale, par arrêt du 2 novembre 1817, a déclaré Jean Barbier, Jean-Baptiste Volozan, Benoît Biternay, exemptés de la peine capitale qu'ils avaient encourue, par le motif qu'au moment de leur arrestation, ils ont révélé le complot auquel ils avaient participé, tendant au renversement du gouvernement, et procuré l'arrestation de plusieurs chefs de cette conspiration. Elle a ordonné qu'ils seraient sur le champ mis en liberté, mais qu'ils demeureraient pendant dix ans sous la surveillance spéciale de la haute police du gouvernement.

La Cour a condamné Jean-Marie Vernay à la peine de mort, comme coupable de participation au complot suivi d'attentat qui a éclaté dans les premiers jours de juin 1817, soit à Lyon, soit dans plusieurs communes rurales du département du Rhône. Mais elle a sursis à l'exécution de ce condamné, en annonçant qu'elle voulait le recommander à la commisération du Roi.

Elle a déclaré les nommés Meyer, Gagnère, Cerisiat, Coindre, Manquat, Gervais, Perraud, Granger, coupables d'avoir connu le complot, sans l'avoir révélé, et les a condamnés, savoir :

Coindre, Gervais, Manquat, Perraud, à cinq ans d'emprisonnement, et à 500 francs d'amende chacun;

Cerisiat à trois ans d'emprisonnement et 500 fr. d'amende ;

Gagnère, Meyer et Granger, à deux ans d'emprisonnement et 500 fr. d'amende chacun.

La Cour a renvoyé d'accusation Mme. Lavalette, Joannon fils, et quatorze autres accusés, et a ordonné sur-le-champ leur mise en liberté.

Copie d'une Lettre écrite au Rédacteur du Journal de Lyon, le 12 novembre 1817.

Le journal de Paris, en rendant compte dans son No. 306-307 (2 et 3 novembre 1817), de l'instruction du procès de la conspiration de Lyon, s'exprime ainsi : « Sur la fin des débats, M. le président a fait donner » lecture de plusieurs lettres écrites par Mme. de » Lavalette à M. Joannon, et par ce dernier à Mme. » de Lavalette. On remarque dans celles de M. » Joannon plusieurs phrases telles que celle-ci : » *Le tocsin sonne de toutes parts ; mais l'affaire est* » *manquée : elle était mal emmanchée, etc.* ; dans » celle de Mme. de Lavalette, ces mots : *Prenez cou-* » *rage ; j'ai les plus belles espérances, nous serons* » *secondes, etc.* »

Il est difficile de concevoir l'erreur ou la légéreté qui a fourni de pareils renseignemens au journal de Paris. Deux mille personnes présentes aux débats, savent qu'il n'y a pas un mot, dans les lettres produites, qui ressemble aux passages cités ; et, pour s'en convaincre, il eût suffi de remarquer que la dernière de ces lettres est du 29 mai 1817, et que le tocsin entendu dans huit ou dix communes du département, ne l'a été que le 8 juin suivant.

On n'a produit de M. Joannon que quatre lettres écrites par lui à Mme. de Lavalette dans l'espace de six mois, et une seule de Mme. de Lavalette à M. Joannon ; encore celle-ci était-elle du 17 décembre 1816, et antérieure par conséquent de six mois à la journée du tocsin.

Cette lettre du 17 décembre ne contenait que des expressions de reconnaissance pour l'intérêt que M. Joannon avait pris comme avocat à la position de Mr. de Lavalette, condamné, comme on sait, le 31 août 1816, au bannissement, mais retenu au Château-d'If.

Celles de M. Joannon ne contenaient que l'expression de ses sentimens sur cette détention, et de ses vues sur les moyens de la faire cesser.

Il est vrai que Mme. de Lavalette était en même temps accusée de correspondance avec des chefs d'insurrection ; mais ceux qui l'accusaient étaient les mêmes qui, pour égarer des hommes trop crédules, avaient supposé que les *autorités* et la *garnison de Lyon*, le *commerce* et *les trois quarts de la ville*, les ministres du Roi, et plusieurs maréchaux de France, protégeaient une conspiration. Mme. de Lavalette était malheureuse ; on la supposa mécontente, et son nom fut mêlé à tous les noms dont on abusait. Voilà tout le secret de cette partie de l'accusation. Ce qui est remarquable, c'est que de cette correspondance aussi absurde que fausse, on ne représentait pas une seule lettre écrite ou reçue par Mme. de Lavalette ; c'est qu'à l'exception d'un seul co-accusé, nommé Barbier, dont les révélations étaient le pivot principal de l'accusation, aucun autre co-accusé ou témoin ne supposait en avoir vu ; et cet homme lui-même, déjà convaincu de toutes sortes de contradictions et de mensonges dans tous ses récits, non seulement n'osa pas répéter une pareille supposition dans les débats en présence de Mme. de Lavalette, mais même avait positivement déclaré dans un interrogatoire écrit du 22 juin, que ni lui ni personne *n'avait jamais vu aucunes lettres de cette pretendue correspondance.*

Aussi la cour prévôtale a-t-elle acquitté et Mme. de Lavalette, et M. Joannon, et la plupart des accusés ; ce qu'elle n'eût pas fait, si elle eût été saisie de lettres aussi étranges que celles qu'on a rapportées au journal de Paris.

Je vous prie, Monsieur, de vouloir bien insérer ces explications dans votre prochain numéro. Assez de malheurs affligent depuis long-temps la maison de Lavalette, pour qu'on se dispense au moins de les aggraver par des récits aussi infidèles.

J'ai l'honneur d'être, etc.

J. GUERRE, *avocat*, et *défenseur de Mme. de Lavalette.*

A Lyon, de l'Imprimerie de J. ROGER, Grande Rue de l'Hôpital, No. 14.